Konstantinos Pelekanakis

Gier an der Börse

Wie Spielsucht und Gier zu Finanzkrisen beitragen

Bibliografische Information der Deutschen Nationalbibliothek:

Die Deutsche Nationalbibliothek verzeichnet diese Publikation in der Deutschen Nationalbibliografie; detaillierte bibliografische Daten sind im Internet über http://dnb.d-nb.de abrufbar.

Impressum:

Copyright © ScienceFactory 2018

Ein Imprint der Open Publishing GmbH

Druck und Bindung: Books on Demand GmbH, Norderstedt, Germany

Covergestaltung: Open Publishing GmbH

Inhaltsverzeichnis

„Die Welt hat genug für jedermanns Bedürfnisse,
aber nicht für jedermanns Gier"

Mahatma Gandhi

Zusammenfassung

Menschliche Gier scheint einen großen Einfluss auf die Wirtschaft und auf die Entstehung von Finanzkrisen zu haben. Diese These stützt sich beispielsweise auf die Erwartung der heutigen Gesellschaft, möglichst schnell und effizient mit guten Gewinnchancen zu investieren. Dieses Verhalten lässt sich vor allem bei Anlegern an der Börse beobachten und begründet oftmals gravierende Spekulationsblasen und die Entstehung einhergehender Wirtschaftskrisen.

Unter Berücksichtigung verschiedener Perspektiven wird versucht, Gier zu differenzieren und zu analysieren. Dies soll darstellen, welchen Einfluss ein menschliches Verhalten auf ein makroökonomisches System haben kann.

Grundsätzlich ist zu erkennen, dass nicht nur die Distanzierung vom Religiösen und Gott als absolutes Gut und die damit einhergehende „Vergötterung" des Geldes eine Rolle spielt, sondern, dass Gier ebenfalls als ein evolutionsbedingtes menschliches Verhalten zu verstehen ist, welches alldem nachgeht, was überlebenswichtig ist. In der heutigen Gesellschaft wird hierunter weitgehend Geld und ökonomischer Wohlstand subsumiert.

Tabellenverzeichnis

1 Einleitung

Finanzkrisen sind nichts Neues oder Modernes. Schon im 17. Jahrhundert verfiel Holland erstmals in eine Wirtschaftskrise, entstanden durch eine Tulpenzwiebel(vgl. Putnoki 2010). Von da an gab es kein Jahrhundert frei von Finanzkrisen, das „junge" 21. Jahrhundert miteingeschlossen (vgl. Putnoki 2010, Braunberger/Fehr 2008, Galbraith 2010). Diese Finanzkrisen gefährdeten oder zerstörten sowohl die Wirtschaft eines bestimmten Staates als auch die globale Wirtschaft. Um dies aufzuzeigen, folgt im ersten Kapitel ein kurzer Überblick über die gravierendsten Finanzkrisen unserer Geschichte mit vertieftem Fokus auf das späte 20. und frühe 21. Jahrhundert.

Die jüngste Finanzkrise, die spätestens im Jahre 2008 mit dem Niedergang der Investmentbank Lehman Brothers ausartete und Aktienkurse komplett in den Keller sinken ließ, wurde regelmäßig mit der Finanzkrise von 1929 verglichen (vgl. Putnoki 2010). Diverse Politiker, Ökonomen, Soziologen und so ziemliche jede Art von Kulturschaffenden haben sich den Ursachen der Finanzkrise gewidmet und gaben Statements ab. Die Medienwelt betitelte Zeitungen mit Schlagzeilenwie „Kapitalismus in der Krise" (süddeutsche Zeitung) oder „Zukunft des Kapitalismus" (FAZ) (Wahren 2011, S. 8). Nicht nur die Medien oder Fachleute beschäftigten sich mit dem Thema Finanzkrise und Kapitalismus, selbst unter Zivilisten waren die Schlagzeilen und das unbekannte Ausmaß der Krise größtes Gesprächsthema, bei welchem vor allem die Ursache der Entstehung auf viele Fragen stieß. Vor allem fragten Sie sich, ob die Ursachen eher systemisch sind, also die Wirtschaft und der Kapitalismus schuld seien, oder ob es Faktoren gab, die auf die menschliche Natur zurückzuführen sind (vgl. ebd. S. 8).

In dieser Arbeit wird versucht den Zusammenhang zwischen Gier als menschliches Verhalten und Wirtschaftskrisen zu ergründen. Wahren (2011) versucht dies in seinem Werk „Gier – der menschliche Faktor der Finanzkrise" und bietet somit eine der Grundlagen dieser Arbeit. Um dies zu bewerkstelligen, wird Gier aus verschiedenen Perspektiven heraus definiert, um verständlich zu machen inwiefern diese tatsächlich als Faktor gesehen werden kann. Einerseits wird das Ganze auf einer theoretischen Basis analysiert, die in dieser Arbeit aus einer theologischen, soziologischen und philosophischen Perspektive besteht, andererseits aber auch basierend auf einer praktischen Perspektive, die Wissenschaften wie Psychologie, Anthropologie und Neuroökonomie inkludiert, um Aufschluss darüber zu bekommen, was sich im menschlichen Gehirn abspielt, sodass Gier entsteht. In einem weiteren Schritt folgt eine genaue Definition von Wirtschaftskrisen. Diese können weitreichende Ausprägungen annehmen und indes liegen oft Faktoren zugrunde, die nicht vom menschlichen Verhalten abhängen. Um den Zusammenhang zwischen Mensch (Gier) und Wirtschaftskrise herzustellen, wird Spieltrieb als eine Moderationsvariable herangezogen, jedoch auch mithilfe von Autoren wie Putnoki (2010) und Galbraith (2010), die einzelne, vergangene Spekulationsblasen und Finanzkrisen analysieren, um dort schon eventuelle Gemeinsamkeiten zu finden. Es wird angenommen, dass Gier und Spieltrieb korrelieren, sodass Börse in dieser Arbeit ebenfalls als eine Art „Kasino" verstanden wird, in der der Spieltrieb zum Spielen bewegt, welcher im weiteren Verlauf zur Spielsucht ausartet, ähnlich wie man es bei „Häufigspielern" (Dimmel 2009) kennt. Aus diesen Gedanken heraus entsteht die konkrete Forschungsfrage:

> „Inwiefern und in welchem Ausmaß kann menschliche Gier zur Erklärung von Finanzkrisen herangezogen werden?"

Folgende Annahmen / Thesen dienen der Beantwortung der Forschungsfrage:

a) Gier und Spieltrieb korrelieren positiv.

b) Wirtschaftliche und kulturelle Gegebenheiten haben einen Einfluss, sodass ein gieriges Verhalten entsteht.

c) Der Aufbau der Börse ist mit dem eines Kasinos vergleichbar und „lockt" somit spielsüchtige Spekulanten.

2 Vergangene Wirtschaftskrisen

Die Menschen haben stets gerne spekuliert, in Hoffnung auf Reichtum und Absicherung, und ein Indiz dafür sind die Spekulationsblasen[1] und einhergehende Finanzkrisen, die nicht erst gestern angefangen haben. Daher ist es für diese Arbeit von äußerster Relevanz, einzelne Spekulationsblasen näher zu durchleuchten, um nach möglichen, gemeinsamen Nennern suchen zu können. Nach einem historischen Rückblick und einer Durchleuchtung der Spekulationsblasen, folgt eine genauere Definition von diesem spezifischen, wirtschaftlichen Tatbestand.

2.1 Tulpenwahnsinn

Schon im frühen 17. Jahrhundert verfielen die Niederlande der sogenannten „Tulpenmanie". Die Tulpenmanie kann als die erste – zumindest dokumentierte – Spekulationsblase in der Geschichte des Wirtschaftsgeschehens der Menschheit angesehen werden (vgl. Shiller 2005, S. 85). Erst die Leidenschaft und dann die Gier führten zu [...] Tulpenblasen (Putnoki 2010, S. 11). Essentiell für eine Spekulationsblase ist, wie wir weiter unten sehen werden, eine florierende Wirtschaft, in welche Individuen investieren wollen, da genug Geld vorhanden ist. Angefangen hat es, als die exotische Tulpe zum Statussymbol wurde und die Nachfrage, nach möglichst ausgefallen Sorten, die Preise steigen ließ (vgl. ebd. S. 11). Ausgefallene Sorten entstanden hauptsächlich durch einen Mosaikvirus, der auf die Blumen übergriff und bewirkte, dass die Tulpen marmorierte Blütenblätter und gefranste, gewellte Ränder entwickelten. An oberster Begierde exotischer Tulpen stand dann die sogenannte „Semper Augustes" (vgl. von Petersdorff-Campen 2008, S. 23). So schreibt die Kulturwissenschaftlerin Susanne Heliosch: „An ihren makellos weißen Blütenblättern verlaufen rubinrote, flammende Äderchen, und das Hellblau ihres Kelchgrunds erscheint wie die Spiegelung eines heiteren Frühlingshimmels" (Heliosch z.n. ebd. S. 23). Diese wundervolle Blüte also, die zu Beginn als Statussymbol galt, gewann

---

[1] Nachfolgende Begriffe wie „Spekulationsblase", „Spekulant", „Euphorie" und „Crash" werden in einem späteren Kapitel näher erläutert.

rasch an Beliebtheit und wurde stets teurer. Dieser Preisanstieg wiederrum, lockte erste Spekulanten, die die Tulpe endgültig zum Spekulationsobjekt werden ließen. So kam es im Jahre 1635 dazu, dass die Tulpenpreise um durchschnittlich 25% stiegen und unter den Spekulanten nicht mehr „nur" die Wohlhabenden waren, sondern jegliche Bürger bis hin zur untersten Schicht. Anhand des Indexwertes der Tulpe wird ersichtlich, dass vom 01.12.1634 bis zum 01.12.1635 ein Wertzuwachs von 25% zu sehen war – also ein Indexwert von 1,25, und ein Jahr später, also zum 01.12.1636 war der Indexwert bereits bei 5,25. Kurz vor dem Crash am 06.02.1637 lag der Indexwert bei 65. Das bedeutet, dass sich der Wert der Tulpe in den letzten drei Monaten vor dem Crash verzwölffacht hat. In Folge des Crashs fielen die Tulpenpreise um 40%, jedoch wird der reale Verlust, auf Basis von einigen wenigen Aufzeichnungen auf 95% eingeschätzt. 1635 wurde die Kreditaufnahme insofern erleichtert, als dass Kreditnehmer gegen Verpfändung von Gegenständen Kredite aufnehmen konnten. Dies bewegte viele Spekulanten dazu, ihr ganzes Hab und Gut zu verpfänden, um am euphorischen Gewinn teilzunehmen. Handwerker beispielsweise verpfändeten ihre Werkzeuge um in den Tulpenhandel einzusteigen. Um ein besseres Verständnis für den Wert einer „Semper Augustus", derer höchster Wert bei 5.500 Gulden lag, folgt eine kurze Auflistung von Gegenständen, und deren Wert.

Nahrungsmittel, Bett, Anzug und Trinkbecher im Wert von 2500 Gulden (vgl. Putnoki 2010, S. 17), die eine mehrköpfige Familie über mehrere Monate bringen würden, waren nicht einmal halb so viel wert wie eine Tulpe der Sorte „Semper Augustus". So ist es kaum verwunderlich, dass einige, nachdem sie eine Tulpe zum Schluss der Blase gekauft hatten, nach dem Crash nichts mehr hatten als diese eine Tulpe.

	Gulden
2 Last Weizen	448
4 Last Roggen	558
4 fette Ochsen	480
8 fette Schweine	240
12 fette Schafe	120
2 Oxhoft Wein	70
4 Tonnen Bier	32
2 Tonnen Butter	192
1000 Pfund Käse	120
1 komplettes Bett	100
1 Anzug	80
1 silberner Trinkbecher	60
	2500

Tabelle 1: Umgerechneter Wert einer "Semper Augustus"

eigene Darstellung nach Putnoki (2010), S, 17

Als Ergebnis dessen, verteilte sich das Vermögen der Unter- und Mittelschicht neu und unterschied sich hauptsächlich durch den Besitz von Grundstücken, Häusern und Tulpenzwiebeln. Einige, die schnell genug waren die Tulpe zu verkaufen, haben „gewonnen" und andere, die den Crash nicht kommen sahen, waren Besitzer von Tulpen. Gesamtwirtschaftlich jedoch hatte es keine gravierenden Folgen für die Niederlande, sondern hat das wirtschaftliche Wachstum in den 1640er etwas lediglich verlangsamt. Dies lag eventuell an der kurzen Dauer der Euphorie und der Tatsache, dass oftmals keine Gelder geflossen sind, sondern vertragliche Verpflichtungen entstanden, wodurch der Einstieg in die Normalität relativ rasch wieder möglich war. Zum Ende der Stagnierung in den 40er Jahren setzte wieder ein Boom bis 1672 ein, der sich hauptsächlich durch den Bau von Wohnungen, städtischen Gebäuden und Gemälden kennzeichnet. Durch einige Gärtner, die sich immer noch mit der Tulpenzucht beschäftigten, wurde Holland später zum Land der Tulpen (vgl. Putnoki 2010, S.10-21).

2.2 Südseeblase

Die Südseeblase ist ein gutes Beispiel dafür, dass eine Spekulationsblase keinen statischen, geographischen Rahmen hat, sondern auch ganze andere Staaten in den Crash ziehen kann, oder zumindest Spekulanten in anderen Staaten dazu motivieren kann, auf ähnliche Objekte zu spekulieren. So passierte es, dass 1720, als die Spekulation in London ihren Boom, also ihren Höhepunkt erreichte, zeitgleich in Paris ebenfalls stark spekuliert wurde (vgl. Galbraith 2010, S. 57). Grassierender Schwachsinn, der aus Optimismus und sich selbst bestätigender Täuschung erwuchs war das Schicksal beider Städte (ebd. S. 57). Unter den Opfern dieses grassierenden Schwachsinns waren zum Teil auch äußerst bekannte Namen zu finden. Der Physiker Isaac Newton, der einst sagte, er könne die Bewegungen von Körpern messen, aber nicht die menschliche Dummheit, was er offensichtlich auch bei sich selbst nicht konnte und bei der hervorstehenden Spekulationsblase 20.000 Pfund (vgl. ebd. S. 58) verlor, kann unter den Opfern dazu gezählt werden, aber auch der Schriftsteller Jonathan Swift (vgl. Papon 2008, S. 34).

Angefangen im Jahr 1711, gründeten mehrere Banker die „South Sea Company". Ein Projekt, das von Robert Harley, dem Earl von Oxford, maßgeblich vorangetrieben wurde (vgl. Putnoki 2010, S. 42), dessen eigentlicher Zweck die Übernahme eines Teils der britischen Staatsschulden von zunächst 10 Millionen Pfund war (vgl. Papon 2008, S. 35), im Gegenzug zu einer Verzinsung von sechs Prozent und des Monopols für Handelsgeschäfte mit den spanischen Kolonien in Lateinamerika und der Erlaubnis zur Finanzierung dieser Schulden durch Herausgabe von eigenen Aktien (vgl. ebd. S. 35). Das Handelsmonopol mit Südamerika war für die zukünftigen Anleger nicht nur wegen den Vermutungen über gewaltige Edelmetallvorkommen interessant, sondern es kursierte gleichzeitig auch das Gerücht, dass der König von Spanien der Südseegesellschaft in Südamerika vier Häfen zum freien Handeln geöffnet hätte. Dagegen wurden schlechte Nachrichten nicht nur der Öffentlichkeit vorenthalten, sondern bewusst durch falsche, positive Informationen ersetzt, wie beispielsweise die schlechten Bedingungen des „Asiento"-Vertrages und wurde auch eine Liste mit den angeblichen Häfen in Südamerika in Umlauf gebracht, die den freien Handel ermöglichen würden. Tatsächlich jedoch war im genannten Vertrag zwischen Spanien und England ausgemacht, die spanische Kolonie mit Negersklaven versorgen zu dürfen und lediglich einmal im Jahr ein genau nach Tonnage und Ladung limitiertes Schiff zu Handelszwecken nach Mexiko, Peru oder Chile zu senden. Des Weiteren war dies mit der Auflage verbunden, der spanischen Krone 28,75% des Gewinns abzugeben (vgl. Putnoki 2010, S. 42f.). Auch brach das erste Schiff der Gesellschaft aufgrund von Schwierigkeiten, erst im Jahr 1717 und blieb auch das Einzige, bis der Handel aufgrund der Bildung der Quadrupelallianz zwischen England, Frankreich, Deutschland und den Niederlanden zur Eindämmung der Expansionspläne von Phillip den V. von Spanien, komplett brach (vgl. ebd. S. 43).

Der eigentliche Boom begann erst im Jahr 1719. Die Gesellschaft übernahm zum zweiten Mal Staatsschulden, dieses Mal in Höhe von 1,7 Millionen Pfund (vgl. Papon 2008, S. 36) und wollte diese wieder durch Ausgabe von neuen Aktien finanzieren. Da es im Jahr 1718 wieder zum Krieg mit Spanien kam, wuchsen die Schulden von Großbritannien so sehr, dass die South Sea Company dem britischen Staat das Angebot machte, einen Großteil der Verbindlichkeiten zu übernehmen, wenn sie hierfür im Gegenzug das Kapital unbegrenzt und zu jedem Kurs erhöhen können. Durch ein entsprechendes Gesetz war es der Gesellschaft nun erlaubt, Aktien im Nominalwert von 31,5 Millionen Pfund (vgl. ebd. S. 36) zu begeben, denn je höher der Ausgabekurs, desto weniger Aktien reichten für die Übernahme der Schulden aus und desto höher war der Ertrag. Durch gezielte Äußerungen des Direktoriums der South Sea Company über hochprofitable Geschäfte und Dividendenzahlungen in enormen Höhen, stieg das Interesse von Investoren und die Kurse weiter an, bis die verheißungsvollen Gewinnchancen schließlich auch Privatanleger lockten. Da das Geld der Interessenten jedoch nicht mehr ausreichte, wurden Ratenzahlungen bei der Kapitalerhöhung üblich, und um Aktien kaufen zu können, wurden Kredite aufgenommen. So artete letztendlich das Ganze in eine Art Südseemanie, in der alles, was auch im Entfernesten mit diesem Thema zu tun hatte, gefragt war. Als Ergebnis dessen, wuchs der Aktienkurs im August 1720 auf über 1000 Pfund (vgl. ebd. S. 37).

Das Interesse von Anlegern lockte wiederum mehr und mehr Unternehmen an die Börse, die mit den skurrilsten Geschäftsideen das große Geld (in diesem Fall das der Anleger) im Kopf hatten, die jedoch binnen Tagen und Wochen verschwanden (vgl. ebd. S. 37f.). Dies war auch die Geburtsstunde des Begriffs „Spekulationsblase", der laut Putnoki (2010) eben auf jene skurrilen Aktiengesellschaften beruht, die sich nicht nur so schnell bildeten wie Blasen, sondern genauso schnell wieder verschwanden (vgl. Putnoki 2010, S.4). Die South Sea Company drängte den Staat dahingehend, etwas gegen diese „bubbles" zu unternehmen und so kam es im Juni 1720 zum sogenannten „bubbleact", durch den es Gesellschaften nur noch erlaubt war, Aktien zu verkaufen, wenn sie eine staatliche Genehmigung hierfür einholten. Dieses Gesetz jedoch, weckte das Mistrauen der Anleger und so traf das Gesetz im Endeffekt die South Sea Company härter als erwartet (vgl. Papon 2008, S. 39).

Der Boden für einen Crash war nun vollkommen gelegt. Anleger hatten mit fundamentalen Bedenken zu kämpfen. Gerüchte über Aktienverkäufe der Unternehmensführung der South Sea Company und anderer großen Investoren machten sich breit, sodass schließlich im September der Aktienkurs auf freien Fall ging und er zum Ende des Jahres bei 120 Pfund pro Aktie angelangt war. Zufolge des Kursrutsches wurden viele Anleger, die Aktien durch Kredite erworben hatten, ruiniert, und Großbritannien fand sich in einer Wirtschaftskrisse wieder, von der sich das Land lange nicht erholte (vgl. ebd. S. 39ff.) Auch Frankreich, wie zu Beginn des Kapitels angedeutet, blieb nicht von der Südseeblase verschont, denn die Euphorie schwappte zu Anlegern, die sich von Aktien der französischen Mississippi-Gesellschaft trennten, um in der Südseegesellschaft investieren zu können (vgl. Putnoki 2010, S. 45). Das Einzige, was nach dem Crash blieb, war Jonathan Swifts Werk „Gullivers Reisen" – eine Satire über die britische Gesellschaft -, inspiriert durch die Verluste der Südseeblase (vgl. Papon 2008, S. 41).

2.3 1929 und der „schwarze Freitag"

> Um halb elf war die Börse von blinder, hoffnungsloser Angst erfüllt (Galbraith z.n.
> Mußler 2008, S. 80). Draußen in der Wall-Street muss die Polizei für Ordnung sor-
> gen: Aktien werden für ein Butterbrot verkauft, Menschentrauben fordern den
> Selbstmordsprung eines Arbeiters, der auf dem Dach einer Wall-Street-Bank Repara-
> turen durchführt (Mußler 2008, S.80).

Die goldenen Zwanziger führten zu einer der bekanntesten und zugleich am häufigsten untersuchten Spekulationsblase in der Weltgeschichte, die sich im Oktober 1929 gipfelte (vgl. Putnoki 2010, S. 75). Der Optimismus, hervorgerufen durch das Fließband, das die Massenproduktion von Autos ermöglichte, aber auch das neue Medium Radio, beflügelten Anleger von klein bis groß sich am Börsengeschehen beteiligen zu wollen. Der Kurs der Radio Corporation of America beispielsweise kletterte binnen einigen Jahren von anfänglich fünf Dollar auf 500 Dollar im Jahr 1929, sollte jedoch im Jahr 1932 98 Prozent an Wert verlieren (vgl. Mußler 2008, S. 81). Wir sind dem endgültigen Sieg über die Armut heute näher als nie zuvor in unserer Geschichte (Hoover z.n. ebd. S. 81) jubelte Hoover während des Höhepunktes der Börse im Jahr 1929.

Vergleichsweise unauffällig begann die Auslösung in einer Seitwärtsbewegung der Kurse, die von Anfang 1920 bis Mitte 1924 anhielt. Das rasante Wirtschaftswachstum, hervorgerufen durch die Erholung vom Ersten Weltkrieg, setzte1923 an, sodass das durchschnittliche Wachstum der US-Wirtschaft bis zum Jahr 1926 sechs Prozent pro Jahr betrug (vgl. Putnoki 2010, S. 75). Als Ergebnis dessen lag die Arbeitslosenquote bei gerade mal 3,7 Prozent (vgl. ebd. S. 75), die Löhne und Gehälter sowie Preise blieben stabil, die Gewinne der Unternehmen stiegen jedoch an. Durch die dadurch entstandene ungleiche Einkommensverteilung, kam es zu einer verstärkten Investition in den Aktienmarkt, was als mögliche Ursache für die Bildung einer Spekulationsblase angesehen wird (vgl. ebd. S. 75f.). Zum Vergleich: Während 1929 etwa 5 Prozent der Bevölkerung 30 Prozent des privaten Einkommens erhielten, waren es im Jahr 1990 „lediglich" 20 Prozent (vgl. Galbraith 2007, S. 3 und S. 89 z.n. vgl. ebd. S. 76). Neben den technologischen Innovationen waren es die finanzwirtschaftlichen Innovationen, die es erlaubt haben durch finanzwirtschaftliche Hebel die Eigenkapitalrendite zu steigern, wobei das damit verbundene Risiko nicht beachtet wurde. „Investment Fonds" waren charakteristisch für jene Finanzinnovationen in den 1920ern, wobei es zu sagen gilt, dass diese eher schleppend eingeführt worden sind. 1921 waren es in den USA 21 Investment Fonds, zum Ende des Jahres 1927 300 und zwei Jahre später im Jahr 1929 über 750 (vgl. ebd. S. 76, vgl. Mußler 2008, S. 82). Diese Gesellschaften gaben eigene Aktien aus um durch das eingenommene Kapital in Aktien anderer Unternehmen zu investieren. Durch Aufnahme von zusätzlichem (Fremd-)Kapital, wurde die Rendite gesteigert, wodurch eine Hebelwirkung entstand, die gleich erläutert wird. Das Problematische für Anleger von Investment Fonds war, dass sie die erworbenen Aktien nicht zurückgeben konnten, sondern diese auf dem Aktienmarkt verkaufen mussten (vgl. ebd. S. 76).

Im Jahr 1929 setzen diese Investment Fonds oder auch Investment Trusts geschätzte drei Milliarden Dollar um, was nicht weniger als ein Drittel des in jenem Jahr in Umlauf gekommenen Kapitals war (vgl. Mußler 2008, S. 82). Eine der bekanntesten Investment Trust Gesellschaften war Goldman Sachs. Deren Strategie war es vorzugsweise eigene Aktien zu kaufen, um so den eigenen Kurs zu befeuern, woraufhin zum Monatsakt, durch Ausgabe von neuen Aktien, neues Kapital eingesammelt wurde, bis schließlich mit dem Crash das Kartenhaus zusammenstürzte. Dies war damals nur möglich, da es die Securities Exchange Commision (SEC), eine Wertpapieraufsicht, die das Ganze hätte unterbinden können, erst in Reaktion zum Crash von 1929 entstand (vgl. ebd. S. 82f.).

Die **Hebelwirkung** einer Fremdkapitalaufnahme (Leverage) funktioniert wie folgt: Grundsätzlich lassen sich zwei Arten von Kapital unterscheiden. Das Eigenkapital, also jenes, das bereits vorhanden ist, und das Fremdkapital, das einem nicht gehört. Angenommen es stehen 1000 Euro Eigenkapital zur Verfügung, welches in Aktien einer AG (Aktiengesellschaft) mit einer jährlichen Rendite von zehn Prozent investiert wird, werden zum Ende des Jahres 100 Euro Gewinn erzielt. Werden jedoch weitere 1000 Euro Fremdkapital aufgenommen, in Form eines Kredites beispielsweise, die mit fünf Prozent verzinst sind, entsteht folgende Rechnung: 1000 Euro Eigenkapital

+ 1000 Euro Fremdkapital = 2000 Euro Kapital zum Investieren. Bei einer Rendite wie oben von zehn Prozent wären das 200 Euro Gewinn, von denen jedoch 50 Euro an den Fremdkapitalgeber abgegeben werden müssen. Somit beträgt der tatsächliche Gewinn 150 Euro, also 50 Euro mehr als in der ersten Variante. Was sich zunächst nach einem guten Geschäft anhört, birgt die große Gefahr in sich, die erhoffte beziehungsweise erwartete Rendite nicht zu erreichen, oder dass bei Fall des Aktienkurses ein starker Verlust entsteht; unter anderem auf Kosten der Fremdkapitalgeber (vgl. Putnoki 2010, S. 78).

Da der Lebensstandard stetig und schneller als die Einkommen wuchs, konnte dieser nur durch Ratenkäufe und Kundenkredite aufrechterhalten werden, was die Hebelwirkung nur noch lukrativer machte (vgl. Mußler 2008, S. 81). Zu diesem Zeitpunkt wusste noch keiner, beziehungsweise wollte keiner wahrhaben, dass diese Hebelwirkung auch in die andere Richtung verlaufen kann. Erst am Dienstag, den 29. Oktober 1929, in dem es zu Blockverkäufen kam, der Abwärtsstrudel begann und der Dow Jones fiel, wurde allen bewusst, welches Ausmaß dies haben würde (vgl. ebd. S. 83).

Auf die eher unauffällige Seitwärtsbewegung der Aktienkurse bis zur Mitte 1924, folgte nun die Boomphase, die ungefähr vier Jahre lang hielt. Die Indexrendite des Dow Jones wuchs im Schnitt um über 22 Prozent im Jahr, wohingegen sich die gesamte Volkswirtschaft, gemessen am Bruttoinlandsprodukt, um nur 2,3 Prozent steigerte. Diese Wachstumsdiskrepanz kann zwar auf realwirtschaftliche Faktoren zurückgeführt werden, jedoch kann sie auch auf eine Überhitzung des Aktienmarktes hindeuten. Lediglich die Entwicklung der Gewinne (Dividenden) der Aktiengesellschaften parallel zu ihren Kursen widersprach dieser Erhitzung. Jedoch kann solch eine Parallelität auch das Ergebnis von finanzwirtschaftlichen Hebelwirkungen sein, wobei hohe Renditen nur durch höheres Finanzierungsrisiko und nicht durch die Leistungsfähigkeit der Unternehmen erklärt wird (vgl. Putnoki 2010, S. 79).

Die Boomphase endete im Jahre 1927 und es entstand ein ernstes wirtschaftspolitisches Problem, da die Nachfrage schwächer als das Angebot wuchs, wodurch sich die in den vergangenen Jahren hohe Wachstumsrate des Sozialprodukts, von 6,1 Prozent auf 0,4 Prozent zurückentwickelte. Durch den Angebotsüberschuss entstand des Weiteren ein Preisverfall, der eine Deflation mit sich zog. Die Preise fielen um fast zwei Prozent, während der Aktienmarkt weiterhin boomte. Die Indexrendite des Dow Jones lag bei fast 30 Prozent, was letztlich dazu führte, dass auch dem letzten institutionell Beteiligten klar wurde, dass sich eine Spekulationsblase entwickelt hatte. Dies war der Moment, in dem sich die Zentralbank in einem Dilemma wiederfand: Die zurückgehende Wachstumsrate des Sozialprodukts und die Deflation verlangten zwar nach einer expansiven Geldpolitik, die sich bildende Spekulationsblase jedoch nach einer restriktiven – ein Moment, in dem die Zentralbank die Entwicklung der Blase noch hätte aufhalten können (vgl. ebd. S. 79f.).

Am 5. September 1929 hielt Roger Babson, Lehrer, Philosoph, Theologe, Statistiker, Prophet, Wirtschaftler, ein Freund des Gesetzes der Schwerkraft und Chef des „Babson-Report", zusammengefasst eine nicht ganz ernstzunehmende Person, wie ihn Galbraith (2007) beschreibt (Galbraith 2007 z.n. Putnoki 2010, S. 82), eine Rede vor der Annual National Business Conference und sagte, dass früher oder später der Crash kommen wird und er schrecklich sein kann. Weiterhin erklärte er, dass der durchschnittliche Marktwert, gemessen am Dow Jones, wahrscheinlich um 60 bis 80 Punkte sinken würde, Fabriken daraufhin schließen und Menschen ihre Arbeit verlieren würden, und dies alles der Weg in eine schwere Depression wäre. Die mediale Berichterstattung stempelte ihn als Spinner ab, doch der sogenannte „Babson Break" kam. Hiernach ging es mit der Börse tendenziell bergab. Am Donnerstag, den 24. Oktober 1929, dem Tag, den die meisten Historiker mit der Panik von 1929 in Verbindung bringen, wechselten 12.894.650 Anteile den Besitzer (Putnoki 2010, S. 82), was dazu führte, dass der Börsen-Ticker, der für die Wiedergabe der aktuellen Kursinformationen zuständig war, mit der Fülle der hereinkommenden Informationen überfordert war und so die Kursinformationen verspätet wiedergab. Da diese Informationen stark fallende Kurse anzeigten und die Anleger nicht nachvollziehen konnten, ob diese im Moment weiter gefallen oder gestiegen sind, hatten sie keine andere Wahl außer panisch zu verkaufen. Um der Panik entgegenzuwirken trafen sich die führenden Banker[2] bei J. P. Morgan um zu intervenieren. Durch die Zuversicht von Richard Whirney, dem Vizepräsidenten der Börse, sie hätten die Börse wieder im Griff, konnte der Kursverfall erfolgreich stoppen. Jedoch hat dies nicht lange angehalten, denn am darauffolgenden Montag, an dem der Abwärtsstrudel angefangen hat und nicht wieder durch Stützungskäufen wie in der letzten Woche aufgehalten werden konnte, schwand das Vertrauen restlos (vgl. ebd. S. 82f.)

Die Folgen des Crashs blieben jedoch nicht nur in den USA. Zwischen 1929 und 1933 gingen rund 40 Prozent der Banken der USA pleite, jedoch folgten auch zahlreiche Banken in Europa und meldeten Insolvenz. Da damals Kundengelder noch nicht geschützt waren, verloren viele Bankkunden ihre Einlagen, wodurch es zum Teufelskreis kam und 1930 der Konsum zusammenbrach. Die Arbeitslosenquote stieg an, wodurch die Steuereinnahmen zurückgingen. Die USA erhob daraufhin zum Schutz ihrer Industrie Zölle in Höhe von 60 Prozent und zog seine Kredite aus Europa zurück. Dies hatte gravierende Folgen für Europa, denn diese Kredite waren beispielsweise für Deutschland notwendig für Reparationszahlungen an Frankreich und England, die aufgrund des Ersten Weltkrieges fällig waren. Hinzu kam noch die Politik des damaligen Reichskanzler Deutschlands Heinrich Brünig, trotz wegbrechenden Steuereinnahmen, einen ausgeglichenen Haushalt vorlegen zu wollen, indem er Sozialleistungen und öffentliche Aufträge kürzte; der Wirtschaftsabschwung verschärfte sich. Im Winter 1931/32 und 1932/33 erhöhte sich die Anzahl an arbeitslosen Menschen auf sechs Millionen. Die Tatsache, dass die Nazis im Januar 1933 an die Macht kamen, lässt sich auch auf die schlechte wirtschaftliche Lage Deutschlands zurückführen (vgl. Mußler 2008, S. 83f.).

---

[2] Charles E. Mitchell (Vorsitzender der National City Bank), Albert H. Wiggin (Generaldirektor der Chase National Bank), William C. Potter (President der Guaranty Trust Company), Seward Prosser (Vorsitzender der Bankers Trust Company) und Thomas W. Lamont (Seniorpartner der Morgan-Gruppe) (Putnoki 2010, S. 83)

2.4 Dotcom-Blase

Während bis zur Mitte der 1990er das Interesse der Bevölkerung in den USA an Aktien noch relativ hoch war, sah das in Deutschland anders aus. Ändern sollte sich das durch den Börsengang der Deutschen Telekom im November 1996, um genauer zu sein am 18.11.1996. Dank intensiver Öffentlichkeitsarbeit, haben viele Anleger angefangen sich für Aktien zu interessieren und vor allem für die der Deutschen Telekom AG. Positiv beeinflusst wurde das Ganze durch den bis dahin beliebten Fernsehschauspieler Manfred Krug, der in Fernsehspots für die unglaubliche Effizienz und der innovativen Kraft des Teleunternehmens warb. Das zunächst von der Bevölkerung vielfach kritisierte und als verstaubt abgestempelte Unternehmen wurde plötzlich zu einem Hightech-Unternehmen mit rosiger Zukunft. Wie so oft wollte möglichst jeder auf diesen lukrativen Zug aufspringen, da große Gewinne gewinkt haben; so viele wollten dabei sein, dass das Platzierungsvolumen von anfänglich 500 Millionen auf 600 Millionen T-Aktien aufgestockt werden musste (vgl. Putnoki 2010, S. 165).

Die hohe Gewinnerwartung der Spekulanten erfüllte, wenn nicht sogar übererfüllte sich bei einem resultierten Zeichnungsgewinn von über 16 Prozent (ebd. S. 165). Der DAX (Deutscher Aktienindex) profitierte bereits im Vorfeld vor der Emission von der massiven Telekomwerbung, doch begann er erst nach dem hohen Zeichnungsgewinn richtig zu boomen und mit ihm der gesamte Markt. Die Indexrenditen bewegten sich auf die 20 Prozent zu. Allerdings lösten sich die Kurswerte ab 1997 immer stärker von ihren Fundamentalwerten, wodurch sich auch erklären lässt, dass der Markt in die Phase der Euphorie übertrat und sich eine Spekulationsblase zu entwickeln begann. Durch die Telekomwerbung erweckte sich die Überzeugung, eine neue Zeit sei angebrochen, die immer mehr von Technologieunternehmen geprägt ist (vgl. ebd. 165f.). Eine lukrative New Economy (Mohr 2008, S. 111) beherrschte die Vorstellungen der Anleger, in der solide wirtschaftende Unternehmen der Old Economy (ebd. S. 111) zu langweilig waren und noch viel wichtiger: bei weitem nicht so hohe Renditen abwarfen. Mit dem neuen Zaubermedium Internet war es zwar aktuell noch nicht möglich Geld zu verdienen, doch allein die Vorstellung der Möglichkeiten mit diesem Medium, traf bei Anlegern auf offene Ohren (vgl. ebd. S. 111f.). Infolgedessen startete die Deutsche Börse am 10. März 1997 gemeinsam mit dem Automobilzulieferer Bertrandt und dem Telekommunikationsunternehmen MobilCom den Neuen Markt, der das Pendant zur US-amerikanischen Technologiebörse NASDAQ darstellen sollte, um der gestiegenen Aufmerksamkeit der Bevölkerung entgegen kommen zu können (vgl. Putnoki 2010, S. 166f.). Mohr (2008) schreibt darüber, dass nur wenige „Gläubige" der Wachstumsgeschichte ausreichten um die Aktienkurse steigen zu lassen und so wiederrum das Interesse von Anlegern zu wecken (vgl. Mohr 2008, S. 112), schließlich wird an der Börse nichts schlimmer empfunden, als anderen tatenlos bei der Geldvermehrung zuzusehen. Wie die Lemminge marschierten die Marktteilnehmer mit ihrem Kapital in alles, was mit Internet, Computern und Mobiltelefonen zu tun hatte (ebd. S. 112). Ziel dieses besagten neuen Marktes war es möglichst viele, junge Unternehmen aus dem technologischen Bereich oder besser gesagt, aus der New Economy aufzunehmen. Die Unternehmer wurden nach den Erfolgen des neuen Marktes sofort hellhörig und wurden mit offenen Armen von der Börse empfangen. So einfach bis dahin war es noch nie gewesen, Kapital zu beschaffen. Schon nach zwei Jahren nach Emission des Neues Marktes, beinhaltete dieser bereits 200 Aktiengesellschaften und die Marktkapitalisierung stieg auf 111 Milliarden Euro. Drei Monate später sollte sich die Marktkapitalisierung bereits verdoppeln (vgl. ebd. S. 112). Der schnelle Zuwachs an New Economy-Unternehmen lag vermutlich auch am Zeichnungsgewinn der MobilCom in Höhe von knapp 50 Prozent, was immer mehr Jungunternehmen dazu veranlasste einen Börsengang zu wagen (vgl. Putnoki 2010, S. 167).

Am 1. Juli 1999 wurde der Neue Markt in das Blue-Chip-Segment Nemax 50 und in das Restsegment Nemax All-Share unterteilt, woraufhin drei Monate später, im Oktober, die Kurse kein Halten mehr hatten und immer weiter stiegen. Dabei lösten sie sich immer weiter von ihren Fundamentalwerten. Den Höhepunkt hatte Nemax 50 am 10. März 2000 mit einem Schlusskurs von 9631,53 Punkten erreicht (vgl. ebd. S. 167). Die Überbewertung wurde den Anlegern zunehmend bewusst und so begann sich die Euphorie zu legen (vgl. ebd. S. 167f.).

Eine US-amerikanische Finanzzeitschrift namens Barrons veröffentlichte im März 2000 eine Studie mit dem Titel „burningup" in der eine „Todes"-Liste der Internet-Unternehmen war, die mehr Geld verbrauchten/"verbrannten" als zu erwirtschaften, also jene, die eine große Lücke zwischen Börsen- und Realwert aufwiesen. Einige Tage später folgte von der größten Tageszeitung Deutschlands ein Artikel mit dem Titel „Die Todesliste der Internet-Unternehmen", gefolgt von weiteren Artikeln und Experten, die zum Verkauf solcher Aktien rieten. Die Kurse begannen zu fallen und erste Firmenpleiten in den USA und Großbritannien ließen das Vertrauen auch bei den letzten Optimisten sinken. Bis zum 5. April 2000 wies der Nemax 50 einen Verlust von über 34 Prozent (vgl. ebd. S. 168) gegenüber seinem Höchstkurs, wobei sich der DAX noch etwas stabiler zeigte. Am 15. September desselben Jahres war dann Gigabell der Vorreiter für eine Reihe an Pleiten innerhalb des neuen Marktes; interessanter Weise war Gigabell auf der „Todesliste" als erster Kandidat notiert. Teamwork Information Management folgte am 3. November, woraufhin schlechte Schlagzeilen die Runde machten. Die Blase war geplatzt. Zum Ende des Jahres wies der Neue Markt nur noch einen Wert von 2869,01 auf (vgl. ebd. S. 169), mit der Hoffnung jedoch, dass sich die Kurse zu Neujahr erholen würden, da davon ausgegangen ist, dass lediglich die schlechten Nachrichten der Hauptfaktor der sinkenden Kurse waren, doch bereits am 2. Januar 2001 setzte der Neue Markt seine Talfahrt fort und der Nemax 50 verlor weitere 11 Prozent (vgl. ebd. S. 168ff.). Der starke Fall des Neuen Marktes war nicht mehr aufzuhalten, ein Unternehmen nach dem anderen meldete Insolvenz an. Täglich wurde auf neue Gewinnwarnungen und auf einige Zocker die auf „Pennystocks" setzten, mit dem Denken, dass eine Aktie, die schon so weit unten ist, nur noch steigen kann, gehofft, um die Kurse einigermaßen wieder zu glätten, doch die Märkte blieben weiterhin schwach. Spätestens mit den Terroranschlägen in den USA am 11.09.2011 war jegliche Hoffnung verloren, als der Nemax 50 auf 841,07 und der DAX auf 4273,53 Punkte fielen (vgl. ebd. S. 170, S. 174).

Volkswirtschaftlich betrachtet war die Dotcom-Blase äußerst typisch. Faktoren wie die weiter aufgehende Einkommensschere erhöhte die Menge an anlagesuchendem Kapital, der niedrige Zinssatz versorgte angehende Anleger mit liquiden Mittel und wirkte gleichzeitig unattraktiv für festverzinsliche Anlagen. Technologische Innovationen und intensive Werbungen ließen die Renditeträume wachsen und mobilisierten selbst den skeptischsten Anleger. Als der Crash aufgrund von Entlarvung von Betrügereien kam, wurde Kapital weniger vernichtet, als vielmehr umverteilt. Jene, die nicht schnell genug waren, verloren (vgl. ebd. S. 172f.).

2.5 Subprime-Krise

Die jüngste Finanzkrise, die sich im Jahr 2008 ereignete und gleichzeitig eine der verheerendsten war, ist die sogenannte Subprime-Krise. Angefangen im Jahr 2003 in dem sie angefangen hat sich zu langsam aber sicher zu bilden, sollte sie im Jahr 2008 platzen, wodurch die gesamte Weltwirtschaft zum Stagnieren kam. Nach mehrheitlicher Meinung war diese Finanzkrise die Folge einer verfehlten Wirtschafts- und Finanzpolitik der USA unter Regierung von George W. Bush, der auf einen freien und möglichst unregulierten Markt setzte (vgl. ebd. S. 179).

Nachdem die USA zweierlei geprägt durch die bereits präsentierte Dotcom-Blase und durch den Terroranschlag im Jahr 2001 war, verloren viele Anleger das Interesse an die Börse und widmeten sich einem anderen, vielversprechenden Markt zu. Dieser vielversprechende Markt entstand erst durch eine Gegenmaßnahme der US-Regierung, die zur Prävention einer Rezession beitragen sollte. Die US-Zentralbank senkte die Leitzinsen von 6,5 Prozent auf zunächst 1,75 Prozent und im darauffolgenden Jahr auf 1 Prozent – ein historischer Tiefstand (vgl. ebd. S. 179). Durch Senkung des Zinses, sank ebenfalls der Zinssatz für langfristige Hypotheken, was dazu führte, dass Millionen Haushalte ihre alte Hypothek kündigten und sie durch die neuen, niedrigen Zinssätze refinanzierten (vgl. Fehr 2008, S. 125). Jedem Interessenten war es nun möglich einen günstigen Immobilienkredit zu nehmen und sich somit den Traum vom eigenen Heim zu verwirklichen. Doch eine weitere Folge entstand: die Haushalte hatten monatlich mehr Geld für ihren Konsum zur Verfügung. Ebenfalls konnten sie die Hypothek auf ihr Haus erhöhen und mit dem zusätzlichen Kredit weltweit einkaufen, von deutschen Küchen bis hin zu japanischen Autos, oder den Kredit sogar für Anbau eines Eigenheims verwenden. Dies ließ die Eigenheimpreise von Jahr zu Jahr um zweistellige Raten steigen. Deshalb fingen Banken an Haushalten sogenannte zweitrangige Hypothekenkredite („Home Equity Loans") anzubieten, wodurch sich der gestiegene Wert der Immobilie in Bargeld verwandeln ließ (vgl. ebd. S. 126). Weiters vergaben Hypothekenbanken immer leichtfertiger Kredite und refinanzierten sich auf dem Sekundärhypothekenmarkt, wo Hypothekendienstleiter wie Fannie Mae oder Ginnie Mae diese Kredite zu Paketen bündelten und diese „Mortgage Backed Securities" (MBS) an Investoren verkauften. Dieser Prozess der Verbriefung wurde auch durch „Collateralised Debt Obligations" (CDOs) ermöglicht. Hierfür gegründete Zweckgesellschaften kauften die Hypothekenkredite auf, sortierten diese und verkauften sie als CDOs an anlagesuchende Großinvestoren weiter (vgl. Putnoki 2010, S 180f.).

Die besten Voraussetzungen für einen Boom waren gelegt. Die jährliche Preissteigerung der Immobilien lag bis zum Jahr 2006 bei fast zehn Prozent, wodurch weitere hypothekarisch gesicherte Kredite vergeben wurden, der Konsum höher lag als das Einkommen und die Sparquote bei null angekommen war. Dieser immense Konsum führte zur Gewinnsteigerung bei den Unternehmen, deren Aktienkurse dann stiegen und das Vertrauen an die Börse wieder gegeben war. Der eigentliche Crash kam, als 2004 eine Anhebung des Leitzinssatzes kam, der zu einer erhöhten Zinsbelastung der variabel verzinslichen Hypothekendarlehen führte. Subprime-Kunden, also jene mit geringer Bonität bei Kreditaufnahme, konnten ihren hypothekarischen Verpflichtungen nicht nachkommen und das Kartenhaus brach zusammen (vgl. ebd. S. 185ff.).

Durch Zwangsvollstreckungen kam es zu einem Überschuss an freistehenden Immobilien auf dem Markt, das Angebot war höher als die Nachfrage und die Preise von Immobilien sanken immer weiter. Auf Hypotheken- und Konsumkrediten basierte Anlageformen wie CDOs wurden unverkäuflich, und Investoren, die Milliarden in solche, strukturierte Produkte gesteckt hatten, verloren ihr Kapital. So kam es beispielsweise im Jahr 2008 dazu, dass die Deutsche Bank einen Verlust in Höhe von 4,8 Milliarden Euro meldete (vgl. ebd. S. 188), um nur eine von vielen Banken zu nennen. Da die Kreditvergabe am Eigenkapital der Bank verbunden ist, sank auch das Kreditangebot und somit der Konsum weltweit, da Investmentbanken aus aller

Welt in solche CDOs investiert hatten. Nicht nur die Börsenkurse sanken, sondern auch die Realwirtschaft. Auch das Vertrauen unter den Banken erlosch spätestens nach der Pleite der US-amerikanischen Investmentbank Lehman Brothers (vgl. ebd. S. 188).

Am Montag, den 29. September 2008 kam es dann zum Crash und der Dow Jones fiel um 7,5% (vgl. ebd. S. 188f.). Die Folgen waren verheerend und spätestens mit der Meldung am 9. August 2007, in der bekannt wurde, die EZB (Europäische Zentralbank) stelle den Geschäftsbanken im Euro-Raum einen Betrag in Höhe von 94,8 Milliarden Euro zur Verfügung, wurde verstanden, dass die Immobilienkrise, die in den USA angefangen hatte, nun auch in Europa angekommen war. Mit dieser Geldsumme sollte versichert werden, dass die Geschäftsbanken ihrer Mindestreservepflicht nachgehen können, aber auch um den Bedarf an Bargeld in der Wirtschaft decken zu können (vgl. Fehr 2008, S. 189ff.).

3 Krisen – Börse – Spekulation

Es wurden fünf der bedeutendsten Krisen aller Zeiten aufgezeigt. Nun gilt es zu verstehen, dass alle Krisen stets nach einem bestimmten Schema ablaufen (vgl. Putnoki 2010).

In Krisenzeiten wimmelt es in der medialen Berichterstattung nur so von Begriffen wie „Krise", „Spekulation", „Börse" usw., die für jemanden, der sich nicht mit diesen Begriffen auskennt, oft als Fachchinesisch erscheinen. Dabei wäre es nicht schwer verständlich, wenn vorab bereits verstanden wird, dass all diese Begriffe stark zusammenhängen. Um dies aufzuzeigen, folgt eine Definition der einzelnen Begriffe und es wird versucht den Zusammenhang zwischen diesen, leicht verständlich, aufzuzeigen.

3.1 Spekulationsblasen

Es wird angenommen, dass Gier in unmittelbarer Beziehung zum Spekulieren steht. Menschen haben von jeher schon mit möglichst wenig Anstrengung, möglichst viel Gewinn erzielen wollen. Doch dabei geht es ihnen nicht nur um den letztendlichen Gewinn, sondern auch um die monetäre Bestätigung dafür, dass sie den anderen überlegen waren und die Zukunft besser prognostizieren konnten; z.B. den Verlauf eines bestimmten Aktienkurses. Spekulation erweckt beim Hören etwas Schädliches, da diese oft als gierig und volkswirtschaftlich schädlich gesehen wird. Gierig trifft zu, doch volkswirtschaftlich schädlich ist sie erst dann, wenn die Spekulanten insofern uninformiert sind, sodass sie durch ihre Investitionen den Preis eines bestimmten Guts so weit anheben, dass dieser den realen Preis nicht mehr gerecht werden kann, sodass Spekulationsblasen entstehen, platzen und zum Crash führen (vgl. ebd., S.3f.).

Um ein besseres Verständnis über die Entstehung von Krisen zu erlangen, gilt es zu verstehen, was diese Krisen überhaupt sind. Grundsätzlich lassen sich Krisen nach quantitativen Schwellen (Inflation, Währungszusammenbrüche und Währungsabwertung aber auch das Platzen von Spekulationsblasen) und nach Ereignissen (Bankenkrisen sowie Inlands- und Auslandsschuldenkrisen) definieren (Reinhart/Rogoff 2010, S. 49-54). Von besonderer Relevanz dieser Arbeit sind die Spekulationsblasen. Wie der Name schon vermuten lässt, entstehen solche Blasen durch Spekulationen. Diese Spekulationen beziehen sich auf den Wert eines bestimmten Gutes. Spekulanten investieren hierbei in ein bestimmtes Gut, in der Hoffnung, dass sie ihr angelegtes Geld kurz- oder langfristig vermehren können, was jedoch häufig zu einem rasanten Preisanstieg innerhalb eines kurzen Zeitraums führt (vgl. Ebinger 2008, S. 17).

3.1.1 Phasen von Spekulationsblasen

Der gemeinsame Nenner zwischen allen Spekulationsblasen wird durch die graphische Darstellung dieser sichtbar. Werden die größten Spekulationsblasen auf einer x- und y-Achse aufgestellt, so fällt auf, dass alle etwas gemeinsam haben: verschiedene Phasen, die stets aufeinander folgen und zum Schluss dasselbe Ergebnis zu sehen ist – ein Crash. Grundsätzlich lassen sich laut Putnoki (2010) fünf Phasen ausdifferenzieren, aus denen eine Spekulationsblase besteht (vgl. Putnoki 2010, S.4-8).

Angefangen bei der Auslösung (Phase 1), so enden die meisten in einen Crash, der volkswirtschaftliche Konsequenzen mit sich ziehen kann. Zunächst zur Auslösung, eine Phase die auch als „Verschiebung" bezeichnet werden kann, die ein Ereignis ist, das eine tiefgreifende ökonomische Veränderung nach sich zieht, wodurch die Gewinnaussichten gravierend verändert werden. Beispiele hierfür sind technische und organisatorische Innovationen im Transportbereich und in der Telekommunikation in den 1920er Jahren, die zu einer steigenden Produktivität führten und diese wiederum die Renditeerwartungen in den Himmel wachsen ließ. Doch vielversprechende Finanzinnovationen, wie zum Beispiel im Jahre 2008 in den USA (welche letztendlich zur Subprime-Krise führten), können ebenfalls der Auslöser sein. Diese Auslösung wird vom sogenannten Boom gefolgt (vgl. ebd. S. 5).

In der Boomphase (Phase 2) wird die Investition in ein bestimmtes Gut als eine lukrative Anlagealternative gesehen, da die Marktzinssätze in der Regel gering sind. Dies hat zur Folge, dass ebenfalls die Kreditzinsen entsprechend gering sind, sodass Anleger verlockt werden, nicht nur ihr eigenes, vorhandenes Kapital anlegen zu wollen, sondern Kredite aufzunehmen und diese ebenfalls zu investieren, was ein Indiz von Geldgier sein kann. Da die

Blase noch relativ klein ist, ist sie dementsprechend stabil, was weitere Anleger anlockt, sodass eine Euphorie (Phase 3) entsteht (vgl. ebd. S. 5f.).

Durch eine euphorische Gewinnerwartung aufgrund von positiven Rückkoppelungen, werden weitere Investitionen angezogen, die dann wiederrum zu höheren Gewinnerwartungen führen. Dies lockt selbst die größten Skeptikeran, sodass sich die Blase stetig aber sicher füllt. Die immer größere werdende Blase wird den Investoren bewusst, sodass die Nervosität bis zu 200 Prozent steigt, und das Ende der Euphorie die nächste Phase beschreibt (vgl. ebd. S. 5ff.).

In diesem Zeitraum, der bald die letzte Phase, den „Crash", einführt, bewegt sich die Blase quasi nur noch seitwärts unter hoher Nervosität. Die Überbewertung wird den Anlegern bewusst, und das kleinste negative Signal kann die Blase zum Platzen bringen, oder zumindest starke Kursschwankungen (Phase 4) auslösen, die dann endgültig zum Crash führen (vgl. ebd. S. 6f.).

Dieser Crash (Phase 5) entsteht durch panische Anleger, die am Wochenende nachgedacht haben und nun am Montag aussteigen wollen. Hier gilt, wer zuerst verkauft hat, hat gewonnen und wer es zu spät mitbekommen hat, hat verloren. Die Indexrendite fiel in den Spekulationsblasen des 20. und 21. Jahrhunderts um durchschnittlich 33 Prozent; eine Tatsache, die gravierende volkswirtschaftliche Folgen hatte. Sobald der Crash ausgebrochen ist, verlieren viele Anleger ihr investiertes Kapital, und, insofern dieses durch die Phase der Euphorie die Form eines Darlehens hatte, überträgt sich dieser Verlust auf die Banken. Dies geschieht, da der Anleger sein Darlehen nicht zurückzahlen kann und die Banken bei notleidenden Darlehen per internationaler Regeln (Basel I und II) das Kreditvergabevolumen an ihren Eigenkapitalhöhen verknüpfen müssen. Dies führt wiederum dazu, dass die Kreditvergabemöglichkeiten sinken und neue Kredite nicht vergeben werden; eine Tatsache, die den gesamten Konsum einschränkt und somit die gesamte Volkswirtschaft hemmt (vgl. ebd. S. 7f.).

3.1.2 Voraussetzungen für Spekulationsblasen

Doch bevor sich ein Anleger dafür entscheidet, in ein bestimmtes Gut zu investieren, bedarf es einige Voraussetzungen, die der Anleger und das in das zu investierende Gut „erfüllen" müssen. Der Anleger muss nicht nur Vertrauen auf eine positive Entwicklung des Gutes haben, sondern generell eine positive innere Einstellung gegenüber diesem. Das ist so gemeint, dass bei Misstrauen, selbst bei niedrigen Zinsniveaus, keine Spekulationsblasen hervorgerufen werden können, da es keine Investitionen gibt. Auch darf in naher Vergangenheit kein Börsenzusammenbruch gewesen sein, denn dann wäre die Angst vor einem weiteren Crash höher als das Vertrauen in die positive Entwicklung. Weitere Voraussetzungen sind leicht zugängliche Refinanzierungsmöglichkeiten und neuartige Finanzprodukte (vgl. Moll 2013, S. 37).Leicht zugängliche Refinanzierungsmöglichkeiten sind deshalb wichtig, weil der Wohlstand des Anlegers eine zentrale Rolle dabei spielt, ob er spekuliert oder nicht. Ohne diesen „Überschuss" an ökonomischem Kapital, kann der Anleger nicht investieren (vgl. Ebinger 2008, S.17f.). Dies ist auch der Grund, weshalb in langanhaltenden Wohlfahrtsperioden, die Bereitschaft zum Spekulieren stetig steigt. In solchen Perioden ist das Vermögen des Einzelnen höher, und das Kapital kann investiert werden (vgl. Moll 2013, S.37). Hierbei hat die Zentralbank einen wesentlichen Einfluss. Durch Senkung des Leitzinses, senken Banken ebenfalls die Zinsen für Kredite, was zu einer erhöhten Nachfrage von Anlegern führt. Das somit bereitgestellte Kapital nennt sich in diesem Fall „billiges Geld" (vgl. Pindyck et al. 2010, S.399). Betz und Kirstein (2012) sehen billiges Geld und billige Kredite im Rahmen einer expansiven Geldpolitik und neuer Finanzinnovationen als Triebfedern einer Blasenbildung (Betz/Kirstein 2012, S. 64). Die Absurden Erwartungen, sagen Betz und Kirstein (2012), führen zu einem manischen, irrationalen und von Gier geprägten Investitionsverhalten, das, das Entstehen von Blasen ermöglicht (vgl. ebd. S. 64).

4 Geld – Gier – Gott

4.1 Quellen der Gier

Fünf der größten Krisen wurden analysiert und es wurde ersichtlich, dass sich diese in einer Sache zumindest ähnlich sind, nämlich bei dem Ablauf der Krise (von der Auslösung bis zum Crash). Ziel dieser Arbeit ist es, den Einfluss von Gier miteinzubeziehen und zu gewichten. Bevor dies jedoch geschehen kann, bedarf es einer genauen Definition der Gier. Wahren (2011) unterscheidet hierbei zwischen den Quellen der Gier, die entweder natürlicher oder kultureller Art sein können (vgl. Wahren 2011, S. 101)

Unter „Natur" ist in diesem Fall zu verstehen, dass Gier etwas Angeborenes ist. Ausgangspunkt dieser Annahme sind evolutionspsychologische Theorien, die besagen, dass in uns allen eine frühgeschichtliche Prägung als Jäger und Sammler in versteckter Form zu finden ist, in der die Jagd nach Gewinn von einer Art Beuteerwartung motiviert ist (vgl. ebd, S. 101). Der Soziobiologe Richard Dawkins (1996) definierte das egoistische Gen, das die Anhäufung von möglichst vielen Ressourcen verfolgt, mit dem Ziel, das eigene Leben und das der Nachkommen zu sichern (vgl. Dawkins 1996 z.n. Wahren 2011, S. 101f.).

Dem gegenüber steht „Kultur". Fundament dieser Annahme sind neuere Forschungen, die darauf hinweisen, menschliches Verhalten (somit auch gieriges Verhalten), sei weniger genetisch vorgeprägt, sondern vielmehr flexibel organisiert und abhängig von den Bedingungen. Dabei spielt Sozialisation eine große Rolle. Ausgegangen wird dabei, dass sich grundlegende Kognitionen, Emotionen und Verhaltensformen einerseits während des Erwachsenwerdens bilden und sich diese, abhängig von den Gesellschaften, in denen das Heranwachsen geschieht, unterscheiden können (vgl. Wahren 2011, S. 102).

4.2 Gier - Definition

Viele Autoren haben sich mit dem Begriff der Gier auseinandergesetzt und sind zu dem Ergebnis gekommen, dass Gier nicht verallgemeinert, sondern immer differenziert betrachtet werden sollte. Aus diesem Gedanken heraus entstanden diverse Sichtweisen und Herangehensweisen zu diesem Thema. Selbstverständlich ist für diese Arbeit vor allem der soziologische und ökonomische Aspekt von Relevanz, allerdings sollten die anderen nicht vernachlässigt werden. Unter diesen Aspekten fallen zum Beispiel die theologische, philosophische, psychologische und anthropologische Perspektive (vgl. Wahren 2011).

Zweig (2007) betrachtet die Thematik aus der Sichtweise der Neuroökonomie. Diese, wie er beschreibt, neugeborene Disziplin – einem Hybrid aus Neurologie, Ökonomie und Psychologie (Zweig 2007, S. 1), ermöglicht es dem Untersuchenden, Gier nicht nur aus einer theoretischen Ebene heraus zu betrachten, sondern auf Basis der zugrundeliegenden Ebene biologischer Funktionen, sodass ein Verständnis dafür aufgebaut werden kann, was das Verhalten von Anlegern beziehungsweise Spekulanten bestimmt (vgl. ebd. S. 1). Des Weiteren ist es wichtig zu verstehen, dass Gier stets etwas mit Erwartung zu tun hat, wie Zweig (2007) in seinem Werk beschreibt. Diese Erwartung basiert auf den Gedanken des Erlangens des angestrebten Guts und des Empfindens bei Eintreffen dieser Erwartung (vgl. ebd. S. 1).

Solche Ansätze ermöglichen es uns, Gier aus einer individuellen Ebene heraus zu verstehen. Darüber hinaus jedoch ist es essentiell, diese, ebenfalls als kollektives Phänomen zu betrachten, welches sich durch Wechselwirkung mit politischen Maßnahmen oder medialer Berichterstattung kennzeichnet (vgl. Wahren 2011).

Ebenfalls von großer Relevanz ist es, vorab den Begriff der Gier von dem der Habgier zu unterscheiden. *Betz* und *Kirstein* (2012) stellen hierfür eine passende Unterscheidung auf, die darauf basiert, dass Gier zu Maßlosigkeit ausarten kann, eine Steigerungsform quasi von Gier, die Habgier genannt wird. Unter Habgier wird das übersteigerte und rücksichtslose Streben nach materiellem Besitz verstanden, ohne konkreten Nutzen beschreiben zu können (vgl. Betz/Kirstein, 2012, S. 101).

4.3 Angeborene/Biologische Gier

Unter diesem Kapitel fallen Wissenschaften wie Psychologie und Neuroökonomie, die die Ansicht vertreten, Gier sei etwas Angeborenes, Biologisches und fallen somit unter der von Wahren (2011) definierten Überkategorie „Natur".

4.3.1 Psychologische Herangehensweise

Psychologen sind der Meinung, abhängig davon, welchem theoretischen Konzept sie sich zugehörig fühlen, Gier sei als entweder Trieb, Motiv oder Sucht zu verstehen. (vgl. ebd. S. 81).

Triebe haben meist eine somatische Quelle, also einen Drang, beispielsweise die Gier nach Geld, ein Objekt, beispielsweise die Spekulation an der Börse, und ein Ziel, in diesem Fall die Erlangung des Guts (Geld) oder die Zufriedenstellung eines bestimmten Reizes. So könnte Gier unter der natürlichen Triebausstattung des Menschen fallen, solang diese, beim sinnvollen, ökonomischen Gewinnstreben bleibt (vgl. ebd. S. 81f.). Wird Gier als Trieb angesehen, so entsteht ein Menschenbild, dessen Ich-Entwicklung in enger Beziehung zum Geld steht. Schon Goethe im „Faust", Marx, der meinte es (Geld) verwandle den Knecht zum Herrn oder Simmel mit „Superadditum des Reichtums", der seinem Besitzer zuwächst, wiesen auf die persönlichkeitsfördernde Kraft des Geldes hin und plädierten somit auf die Verlängerung des Ichs hin (vgl. ebd. S. 81).

Motivtheorien besagen, dass Menschen das Bedürfnis haben, Geld zu erlangen, anzuhäufen und zu vermehren um sich gewisse Lebenspläne erfüllen und diese auch aufrechterhalten zu können. Problematisch wird dies erst, wenn dieses Bedürfnis zum Selbstläufer wird, ohne einen konkreten Nutzen aufweisen zu können und sich ein Verhalten entwickelt, dass als Gier definierbar ist (vgl. ebd. S. 85f.). Till Bastian (2004) beschreibt Motive und deren Verfolgung so, dass diese von biologischen Regulationsmechanismen abhängig sind und bei Konsumation, beispielsweise das Essen, wenn Hunger besteht, eine Sättigung eintritt, wodurch sich das Motiv verliert. Beim Streben nach ökonomischen Wohlstand jedoch, tritt diese Sättigung nicht ein, das Motiv entkoppelt sich von der Konsumation und das Verlangen wird zu einem, wie oben beschrieben, Selbstläufer und wird zu einer irrationalen, anmutenden Habgier (vgl. Bastian 2004 z.n. vgl. ebd. S. 84). Steven Reiss (2000) identifiziert 16 Lebensmotive, die weitgehend angeboren sind und das menschliche Verhalten steuern. Die Anhäufung von materiellen Gütern und in diesem Fall die Anhäufung von Kapital und Geld, also das Sparen, ist eins dieser Motive. Dieses Motiv kann andere Lebensmotive, beispielsweise das Streben nach Macht und nach Status durchaus unterstützen. Somit kann Gier als Extremform des Sparens betrachtet werden (vgl. Reiss 2000, z.n. vgl. ebd. S. 84).

Die dritte Ansicht der Gier aus psychologischer Perspektive, ist die der Sucht und damit der psychischen Störung. Bei Investmentbankern und Börsenzockern lassen sich Symptome erkennen, die denen von Spielsüchtigen stark ähnlich sind. Unter diesen Symptomen fallen beispielsweise das übermäßig-zwanghafte Verlangen nach einer spezifischen Verhaltensform, das nicht-mehr-Aufhörenkönnen, eine ständige Erhöhung der benötigten Dosis, Entfremdung von sich selbst, Verleugnung des Zwangscharakters des eigenen Verhaltens und die eingeschränkte Fähigkeit sein eigenes Verhalten zu ändern (vgl. ebd. S. 86).

4.3.2 Neuroökonomische Herangehensweise

Um ein besseres Verständnis darüber aufzubauen, was der neuroökonomische Aspekt genau ist, gilt es zu verstehen, dass das Gehirn aus zwei Unterkategorien besteht. Dem reflexiven und dem reflektiven Gehirn (vgl. ebd.). Der reflexive Teil des Gehirns, der als „instinktiver" Teil des Gehirns vorzustellen ist, spielt eine zentrale Rolle beim Erkennen und Auffinden von fast allem, was wir als Belohnung empfinden: z.B. Nahrung, gesellschaftlicher Status, Sex, Geld. Ebenfalls im reflexiven Teil des Gehirns ist das limbische System, welches alle Säugetiere haben und dafür zuständig ist, äußere Reize primär zu verarbeiten und eine Art Schwelle des Verstandes darzustellen. Dieses System ist notwendig für das Überleben und bewegt Säugetiere dazu, möglichst schnell Belohnungen verfolgen zu wollen (vgl. ebd. S. 15f.). Mit

Aussicht auf eine schnelle Belohnung - in diesem Kontext die Aussicht nach „schnellem Geld" - wird oft nicht rational, sondern aus dem „Bauch heraus" gehandelt. Dieses nicht-reflektierte, instinktive Handeln lässt sich mit dem von Max Weber definierten „affektuellen Handeln" vergleichen. Ein solches Handeln ist jenes, welches durch Affekte verursacht ist, wobei der Handelnde sein Bedürfnis nach aktueller Rache, aktuellem Genuß, aktueller Hingabe, aktueller kontemplativer Seligkeit oder nach Abreaktion aktueller Affekte (gleichviel wie massiver oder sublimierter Art) befriedigt (Weber, 1972, S.12 z. n. Gerhards, 1988, S.26).

Neben dem reflexiven System gibt es ebenfalls das Reflektive. Dieses, wie Jordan Grafman, Neurowissenschaftler von den National Institutes of Health (NIH), als CEO des Gehirns (Grafman z.n. Zweig 2007, S. 19) beschreibt, ist dafür zuständig, allgemeine Schlüsse aus bruchstückhaften Informationen zu ziehen, vergangene Erfahrungen in Kategorien einzuordnen, Theorien über die Ursachen von Veränderungen in der Umgebung zu bilden und Pläne über die Zukunft zu machen. Darüber hinaus ist dieses ebenfalls für die Verarbeitung von numerischen und verbalen Informationen zuständig. Es ist also, wenn der reflexive Teil eher instinktiv ist, der analytische Teil des Gehirns und übernimmt Aufgaben, sobald diese komplexer werden (vgl. Zweig 2007, S. 19f.).

Um das Ganze auf den Begriff Gier zu projizieren, werden die Autoren Betz und Kirstein (2012) herangezogen. Sie definieren Gier als etwas stark Antreibendes, das Individuen dazu bewegt, ihre Kräfte auf etwas ganz Spezifisches zu richten und des Weiteren beschreiben sie die Ausrichtung des Gehirns, wie schon Fink, so, dass das Überleben ermöglicht wird (vgl. Betz/Kirstein, 2012, S.100).

4.4 Entstandene/kulturelle Gier

4.4.1 Philosophische und theologische Herangehensweise

Eine theoretische Herangehensweise an den Begriff der Gier beschreibt in dieser Arbeit das Betrachten dieses Verhaltens als Ergebnis von Gegebenheiten. Wie im Weiteren zu lesen ist, beschreibt die theologische und philosophische Perspektive Gier als etwas „Entstandenes" und bietet keine Erklärung darüber, wie Gier beim Menschen als biologisches Wesen entsteht oder welche Ausprägungen diese nehmen kann. Vielmehr sind es die kulturellen Gegebenheiten, die ein gieriges Verhalten begünstigen. Im Kapitel über die Spekulationsblasen ging es beispielsweise darum, dass billiges Geld im Umlauf sein muss, um zumindest aus ökonomischer Sicht heraus investieren zu können. Ebenfalls bereits erwähnt, wie beispielsweise während der Südseeblase, können Nachrichten bewusst dahingehend verändert werden, dass das Spekulieren und des Weiteren ein gieriges, irrationales Verhalten hervorgerufen werden.

Bereits der Apostel Paulus warnte seinen Gefährten Timotheus vor dem Wunsch, reich werden zu wollen – und fügt hinzu, dass Habgier und Geiz „die Wurzel aller Übel" seien (Wahren 2011, S. 49). Habgier stellt aus theologischer Perspektive eine der sieben Todsünden dar. Gewinnstrebende Zinsen galten als verboten, denn diese zu nehmen würde bedeuten mit der Zeit zu handeln, über die jedoch vielleicht nur Gott und nicht der Mensch verfügen kann. Mit dem Alten Testament wurde diese Ansicht etwas gelockert und später ganz aufgehoben, was Max Weber (1904/1905) dazu bewegte, der Ansicht zu sein, dass die geänderte Einstellung zum Zins, grundsätzlich und fundamental für die Entwicklung des Kapitalismus war (vgl. ebd. S. 49). An dieser Stelle ist es interessant, den Soziologen Christoph Deutschmann anzuführen. Er bemerkte in einem Interview mit der Tageszeitung, dass eine Gesellschaft, die durch nichts Anderes mehr zusammengehalten wird als durch den Markt, und die den finanziellen Erfolg zum obersten Lebensziel erhebt [...] Probleme bekommen wird. Geld ist ja nicht nur ein Tauschmittel, sondern ein Medium, das Individualisierung und persönliche Unabhängigkeit mitten in der Gesellschaft ermöglicht (Deutschmann 2008 z. n. Wahren 2011, S. 113f.). Die heutige Gesellschaft distanziert sich konstant von der Religion und Gott als oberstes Gut, sodass dieses leicht durch Geld ersetzt werden kann. Die menschliche Gier nach diesem Gut beschleunigt den Prozess und es entsteht ein Teufelskreis.

Woher die maßlose Geldgier der Menschen kommt und was sie bewegt, immer größere Geldvermögen ansammeln zu wollen stellt nicht nur in der Theologie eine der Todsünden und eine zentrale Fragestellung dar, sondern ist für die heutige Philosophie ebenfalls von großer Relevanz. Georg Simmel geht in seinem erstmals 1900 erschienenen Werk „Philosophie des Geldes" dieser Frage nach und schreibt:

> Wenngleich es nun keine Zeit gegeben hat, in der die Individuen nicht gierig nach Geld gewesen wären, so kann man doch wohl sagen, dass die maximale Zuspitzung und Ausbreitung dieses Verlangens in die Zeiten fällt, in denen ebenso die anspruchslosere Befriedigung an den einzelnen Lebensinteressen wie die Erhebung zu dem Religiös-Absoluten, als dem Endzweck des Daseins, ihre Kraft verloren hat. [...] der Gesamtaspekt des Lebens, die Beziehung der Menschen untereinander, die objektive Kultur durch das Geldinteresse gefärbt (Simmel 2000 z. n. Wahren 2011 S. 63).

In einem weiteren Zitat, betont Simmel

> ausdrücklich die Abhängigkeit dieser Begriffe (Geldgier und Geiz) von den jeweiligen Wirtschaftsverhältnissen [...]. Im Allgemeinen wird die Grenze für den Beginn der eigentlichen Geldgier bei sehr entwickelter und lebhafter Geldwirtschaft sehr hoch liegen, auf primitiveren Stufen aber verhältnismäßig tief (Simmel 2000. z. n. Wahren. S. 64).

Schon hier wird also der Zusammenhang von Gier, in diesem Kontext als Geldgier zu verstehen, mit den wirtschaftlichen Verhältnissen und der Distanzierung vom Religiös-Absoluten geschaffen. Ähnlich wie bei der theologischen Perspektive, hängt die Gier damit zusammen, dass das, was als absolutes Gut angesehen wird und anfänglich mit Gott besetzt war, ersetzt wird und Geld an seiner Stelle gesetzt wird. An dieser Stelle lässt sich Max Weber einbinden. Er beschreibt in seinem Werk „Wissenschaft als Beruf" die Entzauberung der Welt und die dadurch entstandene Überbürokratisierung und Überrationalisierung.

> Die zunehmende Intellektualisierung und Rationalisierung bedeutet also nicht eine zunehmende allgemeine Kenntnis der Lebensbedingungen, unter denen man steht. Sondern sie bedeutet etwas anderes: das Wissen davon oder den Glauben daran: daß man, wenn man nur wollte, es jederzeit erfahren könnte, daß es also prinzipiell keine geheimnisvollen unberechenbaren Mächte gebe, die da hineinspielen, daß man vielmehr alle Dinge – im Prinzip – durch Berechnen beherrschen könne. Das aber bedeutet: die Entzauberung der Welt. Nicht mehr, wie der Wilde, für den es solche Mächte gab, muss man zu magischen Mitteln greifen, um die Geister zu beherrschen oder zu erbitten. Sondern technische Mittel und Berechnung leisten das. Dies vor allem bedeutet die Intellektualisierung als solche (Weber 2011, S. 16f.).

Aus obigem Zitat Webers geht hervor, dass sich die Gesellschaft stetig von dem „Magischen" distanziert. Wird nun das „Magische" aus theologischer und philosophischer Perspektive als das oberste Gut betrachtet, so erklärt Weber nichts anderes, als den Prozess der Säkularisierung und den Ersatz des „Magischen" durch etwas Rationaleres und Zeitgemäßes – Geld. Auch spielen hierbei die Funktionen von Geld eine wichtige Rolle.

4.4.2 Geld und Soziologie

Heutzutage ist es unabdingbar von Gier zu sprechen und nicht den Begriff Geld heranzuziehen. Auch oben, im Kapitel zur Definition von Gier, ist der Begriff des Geldes öfters erwähnt worden, weshalb für diese Arbeit eine genaue Definition von Geld unabdingbar ist. Geld ist in der heutigen Gesellschaft etwas Selbstverständliches und jeder Mensch verbindet etwas damit und kann beziehungsweise muss mit diesem umgehen können. Die Frage die sich stellt ist, wieso Geld so selbstverständlich ist. Wieso scheint jeder Mensch so gierig nach Geld zu sein und noch viel wichtiger, was erhofft er sich durch Erlangen dessen?

> Geld kommt von ′gelten′ [...]. Hinter allem Geld also steht eine gesellschaftliche Abmachung – wir nennen das heute den Kurs. Und wie volatil Kurse sind, das wissen wir nicht nur von den Börsenmärkten. Man kann auf alles und jedes einen sogenannten Hype produzieren, schon steigt der Wert, bis er dann – grenznutzentheoretisch – wieder fällt. Das börsenkotierte Geld hat also jeden festen Körper verloren (Jauch 2013, S. 13).

Grundsätzlich lautet die nationalökonomische Definition des Geldes, dass dieses drei wesentliche Grundfunktionen besitzt: einerseits die Tauschmittelfunktion, andererseits fungiert es als Wertaufbewahrungsmittel und es besitzt eine Rechenbarkeit, also die Fähigkeit, mit Geld in beliebig kleinen oder hohen Einheiten rechnen zu können. Im Endeffekt ist Geld also alles, was die Funktionen, die Geld zugeschrieben werden, erfüllt (vgl. Stiglitz z.n. vgl. Halbmayr 2010, S. 48). Geld scheint also die Rolle eines Symbols zu übernehmen, das allein durch den Menschen, der diesem einen bestimmten Sinn zuschreibt, diese Funktionen bekommt.

Oft ist die Rede von „Geld allein macht nicht glücklich" (an dieser Stelle lässt sich ebenfalls damit argumentieren, dass nichts „allein" glücklich macht), doch wird diese Aussage umgekehrt und es ergibt sich, dass kein Geld zu haben unglücklich macht, so trifft diese sicher auf mehr Zuspruch. Zahlreiche empirische Studien belegen, dass höhere Einkommen mit einer höheren Lebenszufriedenheit einhergeht, denn durch Geld wird der Zugang zu Bildung, Gesundheitsvorsorge, Altersvorsorge aber auch zur gesellschaftlichen Partizipation erleichtert (vgl. Halbmayr 2010, S.55). Sachen, die nicht nur das Leben „heute" erleichtern, sondern auch sicherstellen, dass auch in Zukunft das Leben versichert wird. Soziologisch betrachtet besitzt das Geld zwei Eigenschaften. Luhmann (1988) differenziert zwischen der symbolisch-verbindenden und der diabolisch-trennenden Eigenschaft (Luhmann 1988 z.n. Wahren 2011, S. 78). Erstere wird dadurch erkennbar, dass sich die Knappheit im System von Moment auf Moment auf einen anderen Träger legt, da das Geld zirkuliert, die diabolische Eigenschaft eben in jener Knappheit liegt, da die Verteilung dieser knappen Ressourcen zu sozialen Unruhen führen kann. Luhmann (1988) sagt, Begriffe wie Gier kommen erst auf, wenn soziale, rationale oder moralische Grenzen überschritte werden und seine definierte diabolische Seite des Geldes in Erscheinung tritt und in die öffentliche Diskussion gelangt (vgl. Luhmann 1988 z.n. vgl. Wahren 2011, S. 78f.).

5 Spiel – Trieb – Sucht

Bislang wurde durchleuchtet, was unter dem Begriff Gier zu verstehen ist, wie diese aus einer biologischen Sicht entsteht, welche Faktoren diese vergünstigen, und wie Spekulationsblasen und Wirtschaftskrisen entstehen, welche Auswirkungen sie nehmen können, und wie diese – zumindest theoretisch – verhindert werden können.

Es stellt also sich die Frage, was genau dazu beigetragen hat, sodass die Börsen öfter kollabiert sind, obwohl die Faktoren, die dazu beitragen können bekannt sind und vermieden hätten werden können? War es ein blinder Spieltrieb, der Spekulanten entgegen jeder Rationalität dazu gebracht hat, trotzdem zu spekulieren? Sinn (2009) stellt sich in seinem Werk „Kasino-Kapitalismus" ebenfalls die Frage und reflektiert darüber, ob es psychische Defekte von der Art, wie man sie bei Lottospielern und im Spielkasino beobachtet, waren oder ein blinder Spieltrieb. Die Antwort, wie er sagt, ist differenziert. Es mag zwar ein Spieltrieb gewesen sein, doch kein blinder, wie im Spielkasino. Anders als beim Spielkasino, in dem man früher oder später mit Verlusten rechnen muss, zum Beispiel beim Roulette, bei dem von den möglichen 37 Zahlen eine der Spielbank gehört, kann man bei den Börsen - vor allem wenn die Jahre davor mit extrem hohen Gewinnen gekennzeichnet waren – von einer kurz- oder langfristigen positiven Gewinnerwartung ausgehen (vgl. Sinn 2009, S.83f.).

Je höher die Gewinnerwartung also, umso höher ebenfalls die Bereitschaft der Spekulanten, mit risikohohen Gütern zu spekulieren. Aus der Hoffnung heraus, mit einer extrem riskanten Geldanlage den schnellen Kick und schnelles Geld zu bekommen, entsteht im menschlichen Gehirn ein Kampf zwischen dem bereits vorgestellten reflexiven beziehungsweise impulsiven Gehirn und dem reflektiven Gehirn. Der reflexive Teil möchte baldigst zu Geld kommen, doch der reflektive Teil versucht das Ganze auf einer rationaleren Ebene zu analysieren. Wird das Ganze nun mit Spielsucht in Verbindung gebracht, so bringt der „Spieler" Zeitpräferenzen dahingehend durcheinander, dass er alles möglichst zeitnah will und keine guten Entscheidungen trifft, denn jeglicher, möglichst hoher Gewinn, der möglichst zeitnah erzielt werden soll, ist mit einem hohen Maß an Risiko verbunden und wird nicht rational abgewogen. Somit wächst die Risikobereitschaft zu ihrer maximalen und gefährlichsten Ausprägung (vgl. Bürger 2012 S.111).

Dimmel (2009) sieht im Spiel den Gewinn ebenfalls als eine Art Flucht aus der kapitalistischen Gesellschaft, in der das geglückte Leben nicht mehr als Ergebnis individueller sozialer Befähigung, Bildungsplanung und beruflicher Kompetenz zustande kommt, sondern an Walt Disney's Comic-Figur Gustav Gans erinnert, die ständig vom Zufall begünstigt wird (vgl. Dimmel 2009, S.37).

Der Begriff Zufall beschreibt das Prinzip des Glücksspiels zutreffend. Glück ist bloß ein Zufall, der positiven Einfluss auf den Spieler hat; Gewinn also. Viel eher sollte es jedoch Pechspiel heißen, da Pech das Gegenteil von Glück ist und im Glückspiel gegen die Mathematik gespielt wird, sodass – im Schnitt – nicht gewonnen wird, da die Wahrscheinlichkeit, zum Beispiel ein 6er im Lotto, unfassbar gering ist. Doch nicht nur Lotto ist ein Glücksspiel; es gibt mehrere Varianten. Angefangen bei Glücksspielen in Spielbanken, die das „Große Spiel" und „Kleine Spiel" (Meyer/Bachmann 2011, S. 13) mit Spielen wie Roulette, Black Jack und Poker im großen, und Glücksspielautomaten, Video-Automaten, Mini-Roulette und Mehrplatzspielgeräte im kleinen Spiel beinhalten, gibt es noch Sport- und Pferdewetten, Telegewinnspiele und das illegale Glücksspiel. Doch nicht nur das „Übliche", das jeder schon mal gehört oder gespielt hat, gilt als Glücksspiel.

5.1 Börsenspekulation

Meyer und Bachmann (2011) erwähnen ebenfalls die Börsenspekulation (vgl. ebd.). Doch wieso sollte eine Börse so aufgebaut werden und der Staat so agieren (wie oben beschrieben: billiges Geld und billige Kredite vergeben), sodass Menschen ihrer Gier nachgehen können? Meyer und Bachmann (2011) sehen Börsenspekulation als eine Art Glückspiel bei dem die Bank gegen den Kunden spielt, in dem jedoch mit ungleichen Mittel gespielt wird, da die Bank das Spiel und dessen Regeln entworfen hat. Die Gewinnwahrscheinlichkeiten sind der Bank zwar bekannt, dem Kunden jedoch nicht (vgl. ebd. S. 24). Dimmel (2009) stellt eine Äquivalenz zwischen Lotto spielen und dem Kauf von Wertpapieren und setzt damit ein wichtiges Fundament für die Herstellung zwischen Spieltrieb und Börse. Er sieht in beidem das Zocken, jedoch auf unterschiedlichem Niveau, da seiner Meinung nach, Börsenzocker ökonomisch und staatlich vielfältig abgesichert spielen[3], die Lottospieler jedoch, wie oben beschrieben, nicht nur gegen die Mathematik, sondern auch gegen ihre ökonomischen Interessen spielen (vgl. Dimmel 2009, S.60). Auch Meyer (2000) und Hand & Henning (2004) sehen das ähnlich. Sie vergleichen das Spekulieren an der Börse mit der Teilnahme an Glücksspielen (vgl. Meyer 2000, Hand/Henning 2004 z.n. Meyer 2011, S. 24). Dimmel mag bezüglich Lottospieler Recht behalten, jedoch ist es kritisch zu betrachten, ob an der Börse nur ökonomisch und staatlich abgesichert gespielt wird. Meyer und Bachmann (2011) sagen, das Ergebnis, in diesem Fall als Erfolg beim Zocken zu verstehen, hänge nicht alleine vom Zufall ab (wie etwa beim Lotto spielen), da der Durchschnittsspieler jedoch die Kursentwicklungen nicht voraussagen könne, da ihm Kenntnis über die zahlreichen Unberechenbarkeiten fehlen, nimmt das Spekulieren einen Zufallscharakter an (vgl. Meyer 2011, S.24).

> Spätestens mit der Börsengesetzesnovelle vom 11.7.1989 wurde der Zugang für Privatanleger zu Börsentermingeschäften erleichtert. Bisherige Schutzinstrumente des Gesetzes wurden durch eine Informationsobliegenheit des Vertragspartners ersetzt. Die Anleger sollen nur noch im Hinblick auf ihre rationale Entscheidungskompetenz geschützt werden (ebd. S. 24).

Somit ist es fraglich, inwiefern Börsenspekulanten staatlich abgesichert sind und inwiefern ihr investiertes ökonomisches Kapital sicher ist.

5.1.1 Binäre Optionen

Ein Beispiel dafür, dass kein großes ökonomisches Kapital gebraucht wird, und, dass das spielen an der Börse keinesfalls abgesichert ist[4], sind binäre Optionen. Binäre Optionen sind relativ einfach zu verstehen und versprechen schnelle Gewinne bei wortwörtlich nur einem Klick. Im Jahre 2008

---

[3] hier ist es wichtig zu erwähnen, dass Dimmel (2009) vermutlich die Banken meint, die auch Meyer und Bachmann (2011) erwähnt haben

[4] ich beziehe mich hier auf Dimmel (2009), auf der Prämisse beruhend, dass er sich in seinem Werk auf die Banken als Börsenspekulanten bezieht

erstmals aufgetaucht, bieten Plattformen binäre Optionen an. Binär in diesem Fall deshalb, weil es genau zwei Möglichkeiten gibt. Es wird darauf spekuliert ob ein bestimmter Kurs (beispielsweise Relation von Euro und Dollar) in der nächsten kurzen Zeit steigt oder sinkt. Man möge denken, es sei eine Wahrscheinlichkeit von eins zu eins, doch umso größer die Verwunderung, wenn das investierte Kapital auf einmal weg ist. Tatsächlich ist das zwar freilich eine Wahrscheinlichkeit von eins zu eins, jedoch wird nie 100% des investierten Betrags ausbezahlt, sodass selbst bei Gewinn, das im Schnitt 1,8-fache ausbezahlt wird, bei Verlust jedoch der gesamte Einsatz weg ist (vgl. Latour, o.J.).

Der Grund warum binäre Optionen interessant sind, ist der, dass die Kurse, auf die spekuliert wird, direkt von der Börse kommen und durch diese entstehen. Somit kann sich nicht nur der dimmel'sche Börsenspieler, der ökonomisch abgesichert ist und über höheres ökonomischen Kapital[5] verfügt, sondern auch die, wie er selbst beschreibt Häufigspieler, die überdurchschnittlich arbeitslos und von Armut bedroht sind (Dimmel 2009, S.60), an der Börse partizipieren beziehungsweise durch diese spielen.

---

[5] auch hier nehme ich Bezug auf die Banken, die unter dem Bild eines Börsenspekulanten laut Dimmel (2009) zu verstehen sind

6 Fazit & Ausblick

Zusammenfassend könnte man das Urteil als vernichtend betrachten, indem man die größten Finanzkrisen als ein Ergebnis von Inkompetenz, Ignoranz und Gier des Menschen beschreibt. Verschiedene Ansichten führen zu unterschiedlichen Ergebnissen und Einstufungen inwieweit die Finanzkrise und die Gier des Menschen miteinander zusammenspielen. Inwieweit man diese Gier kontrollieren kann, erscheint nach den oben aufgeführten Punkten als fraglich. Folgt man dem Ansatz, Gier als Grundeigenschaft oder sogar Überlebungsfaktor des Menschen zu sehen, bedarf es einer genaueren Kontrollierung und einer Risikoaufzeigung bezogen auf bevorstehenden Finanzkrisen. Grundsätzlich beinhaltet diese Kontrollierung eine Art Lernprozess, welcher tiefgreifende Veränderungen in Aufsichtsbehörden und Finanzkonzernen erfordert und Jahre andauern wird. Jeder Gesellschaft kommen gewisse Werte zu Gute. In der heutigen Gesellschaft wird vor allem das Sprichwort, „das Streben nach Glück" durch „das Streben nach Geld" ersetzt, was man auf eine Weber'sche Gesellschaft zurückführen kann, in der alles (über-)bürokratisiert und rationalisiert ist. Geld gilt hier als essentiell, da es für die Rationalisierung als unabdingbar erscheint. Doch all dies wird durch den ständigen Vergleich der Menschen untereinander hervorgerufen. Viele Menschen sahen, wie andere mit durchaus überschaubaren investierten Beträgen und potenziell risikoreichen Geschäften große Gewinne erzielen konnten – und dass sie selbst der „Dumme" seien, wenn sie nicht mitmachten. Allein dieses Konsumverhalten der Menschen fordert zukünftige Crashs gerade nur heraus. Ob diese in Zukunft besser zu regulieren sind ist eine Frage, die nur schwer zu beantworten ist. Menschen lernen aus ihren Fehlern und lernen aus vergangenen Ereignissen. Abschließend lässt sich sagen, dass Geld in der heutigen Gesellschaft einen enormen Stellenwert hat, der den ein oder anderen Menschen noch in den Wahnsinn treiben wird, jedoch trotz allem auf die allgemeine Vernunft des Menschen abgestellt werden sollte und somit die Chance besteht, zukünftige Krisen besser zu steuern und weitestgehend zu verhindern. Auf die Ära der Gier muss ein Zeitalter der Mäßigung folgen, auf den irrationalen Überschwang der nüchterne Realismus. Und an die Stelle (...) des bedenkenlosen Profitstrebens muss wieder die Moral treten (Schäfer 2009 z.n. Wahren 2011, S. 151). Gerade wichtige Marktteilnehmer und diejenigen die den Markt überwachen und eherne ökonomische Gesetze nicht mehr befolgt haben können unter den Begriffen Gier und Finanzkrise subsumiert werden. Vor allem Führungskräfte von Banken und Hedgefonds, die gegen gesellschaftliche Interessen ihre eigenen Interessen verfolgen, sind davon betroffen (vgl. Wahren 2011, S. 151).

Wird der Blick auf die vorgestellten Finanzkrisen gelenkt, so wird erkennbar, dass es stets verschiedene Motive gab, die zu einem gierigen Verhalten geführt haben. Die Tulpenmanie wurde durch das Verlangen nach Status in Form einer Tulpe hervorgerufen. Neuroökonomisch betrachtet sollte dies nicht weiter verwerflich sein, denn Gier verfolgt unter anderem „Status". Die Südseeblase ist ein gutes Beispiel dafür, wie Gier durch kulturelle Gegebenheiten und Medien entstehen kann. Allein durch die positive Berichterstattung wurde die Aktie überbewertet. Dotcom-Blase und Subprime-Krise hingegen sind gute Beispiele dafür, wie Innovationen, ganzgleich ob technische oder Finanzinnovationen, den Glauben an etwas, so sehr festigen, dass dieses etwas mit einer blinden Gier verfolgt wird, und die ganze Börse einer Schafsherde gleicht.

Gier per sé ist ein menschliches Verhalten (und genau deshalb so interessant für die Soziologie), das nicht weiter schlimm sein sollte. Sobald dieses jedoch krankhaft und zur Habgier wird, diese in einen Spieltrieb ausartet und dieser Spieltrieb blind an der Börse ausgelebt wird, entstehen Finanzkrisen. Die Rahmenbedingungen spielen dabei eine zentrale Rolle. So wäre es in der Zukunft sinnvoll, sich mit dem Begriff der Gier weiter auseinander zu setzen, ernster zu nehmen, und die Problemlösung dort anzusetzen, wo das Problem beginnt - beim Menschen.

Literaturverzeichnis

Betz, N./Kirstein, U. (2012): Börsen-Psychologie., 1. Auflage. Finanzbuch Verlag GmbH. München.

Bürger, H. (2012): Der vergessene Mensch in der Wirtschaft. Neue Modelle zwischen Gier und Fairness, 1. Auflage. Braumüller GmbH. Wien.

Dimmel, N. (2009): Spiel – Geld – Glück (Schulden). In: Dimmel, N./Noll, A. J. [Hrsg.]: Soziale Relevanz des Rechts. Festgabe für Johann J. Hagen Czernin Verlags GmbH. Wien.

Ebinger, A. (2008): Spekulationsblasen am Immobilienmarkt, 1. Auflage. Norderstedt.

Fehr, B. (2008): Der Weg in die Krise. In: Braunberger, G./Fehr, B. [Hrsg.]: Crash. Finanzkrisen gestern und heute. F.A.Z.-Institut für Management-, Markt- und Medieninformationen GmbH. Frankfurt am Main.

Galbraith, J. K. (2010): Eine kurze Geschichte der Spekulation, 1. Auflage. Eichborn AG. Frankfurt am Main.

Gerhards, J. (1988): Soziologie der Emotionen. Fragestellungen, Systematik und Perspektiven. Juventa-Verlag. München.

Halbmayr A. (2010): Geld – eine moderne Ersetzung Gottes. In: Klopf, J., Frass, M., Gabriel, M. [Hrsg.]: Geld – Gier – Gott. Paracelsus Buchhandlung & Verlag. Salzburg.

Jauch U. P. (2013): Von Geld und Kathedralen. Philosophische Gedanken über ein Lebensmittel. In: Baer, J./Rother, W. [Hrsg.]: Geld. Philosophische, literaturwissenschaftliche und ökonomische Perspektiven. Schwabe AG Verlag. Basel.

Latour, A. (o.J.): Binäre Optionen handeln – eine Einführung. Online unter: http://www.finanzen.net/ratgeber/wertpapiere/binaere-optionen (zuletzt abgerufen: 27.09.2017)

Meyer, G./Bachmann, M. (2011): Spielsucht: Ursachen, Therapie und Prävention von glücksspielbezogenem Suchtverhalten, 3. Auflage. Springer-Verlag GmbH. Berlin Heidelberg.

Mohr, D. (2008): Das Elend der New Economy. In: Braunberger, G./Fehr, B. [Hrsg.]: Crash. Finanzkrisen gestern und heute. F.A.Z.-Institut für Management-, Markt- und Medieninformationen GmbH. Frankfurt am Main.

Moll, J. (2013): Krisen der Weltwirtschaft 1929 und 2008. Ursachen und Lösungsansätze mit besonderem Fokus auf die Ereignisse in Deutschland. Diplomica Verlag GmbH. Hamburg.

Mußler, H. (2008): Der Börsenkrach von 1929. In: Braunberger, G./Fehr, B. [Hrsg.]: Crash. Finanzkrisen gestern und heute. F.A.Z.-Institut für Management-, Markt- und Medieninformationen GmbH. Frankfurt am Main.

Papon, K. (2008): Die Südseeblase. In: Braunberger, G./Fehr, B. [Hrsg.]: Crash. Finanzkrisen gestern und heute. F.A.Z.-Institut für Management-, Markt- und Medieninformationen GmbH. Frankfurt am Main.

Putnoki, H. (2010): Große Spekulationsblasen und ihre Folgen. Von der Tulpomanie bis zur neuen Weltwirtschaftskrise, 1. Auflage. WILEY-VCH Verlag GmbH & Co KGaA. Weinheim.

Reinhart, C. M., Rogoff, K. S. (2010): Dieses Mal ist alles anders. Acht Jahrhunderte Finanzkrisen, 1. Auflage. Finanzbuch Verlag GmbH. München.

Shiller, R. J. (2005): Irrational Exuberance, 2. Auflage. Princeton University Press. Princeton.

Sinn H.-W. (2009): Kasino-Kapitalismus. Wie es zur Finanzkrise kam, und was jetzt zu tun ist, 2. Auflage. Ullstein Buchverlage GmbH. Berlin.

Von Petersdorff-Campen, W. (2008): Eine Tulpe für 87.000 Euro. In: Braunberger, G./Fehr, B. [Hrsg.]: Crash. Finanzkrisen gestern und heute. F.A.Z.-Institut für Management-, Markt- und Medieninformationen GmbH. Frankfurt am Main.

Wahren, H. K. (2011): Gier. Der menschliche Faktor der Finanzkrise. Wilhelm Fink Verlag. München.

Weber, M. (2011): Wissenschaft als Beruf, 11. Auflage. Duncker & Humblot GmbH. Berlin.

Zweig, J. (2007): Gier. Neuroökonomie: Wie wir ticken, wenn es ums Geld geht. Carl Hanser Verlag. München.